Alternativkultur im Rückenwind der EXPO2000

KulturKaleidoskop
Made in Hannover

Ein Kurzbericht

George A. Speckert

KulturKaleidoskop – made in Hannover
Limitierte Auflage zu Studien- und Forschungszwecken

Vielen Dank an Steffi Lachmann für die redaktionelle Unterstützung

Verlag: tredition
ISBN 978-3-7439-5486-1
© George A. Speckert 2017

Kultur beginnt im Herzen jedes einzelnen.

Johann Nepomuk Nestroy
(1801 - 1862)
österreichischer Dramatiker

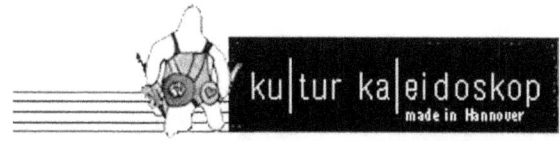

Alternativkultur im Rückenwind der EXPO2000

Die EXPO kommt!

Hannover hat eine lebendige Kulturszene – nur fehlt wie so oft deren Anerkennung. Viele KünstlerInnen, ob bildende Künstler, Musiker, Schauspieler oder Literaten, setzen ihre Lebensenergie für unsere Kultur ein, obwohl sie oft um ihre Existenz kämpfen müssen. Nur einige Künstler bekommen ein Festgehalt, etwa am Staatstheater oder als Lehrkraft der städtischen Musikschule.

Die Sparwellen Anfang der 1990er Jahre waren für viele Kunstschaffende ein Schock. Künstlerisches Engagement und Selbstopfer wurden mit verminderter städtischer Zuwendung „bestraft". Städtische Einrichtungen fürchteten um ihr Angebot. Da sich die Hauptkosten der Bibliotheken, Volkshochschulen, Musikschulen und Museen aus Personalkosten ergeben und weil die Gehälter an Tarifverträge gebunden sind, war die Angst vor Stellenabbau und Privatisierung besonders groß.

Bei der Veröffentlichung der Haushaltszahlen der sogenannten „Hochkultur", etwa dem Opernhaus, bestand permanent die Befürchtung, dass die Sparmaßnahmen auf Kosten der „Niederkultur" umgesetzt wurden.

Am 14. Juni 1990 fiel nach langem Auswahlverfahren die Entscheidung, dass Hannover der Austragungsort für die EXPO 2000 werden sollte. Viele Bürger, darunter viele aus der Kulturszene, protestierten gegen eine EXPO in Hannover. Die Angst war groß, dass öffentliche Mittel für die „lokale" Kultur zugunsten einer zeitlich begrenzten Entertainment-Messe geopfert werden.

So führte die Landeshauptstadt Hannover eine Bürgerbefragung durch. Das Ergebnis war, dass nur knapp die Mehrheit für die EXPO stimmte.

Wer kommt zur EXPO 2000?
Die Konkurrenz um Gäste drohte die Situation zusätzlich zu belasten. Viele kritische Stimmen meinten Hannover habe nichts zu bieten, zumindest im internationalen Vergleich. Andere Ereignisse, wie z.B. das Heilige Jahr in Rom, drohten die EXPO 2000 in den Schatten zu stellen.

Die EXPO-Gesellschaft veröffentlichte schon sehr früh potenzielle Besucherzahlen. Die großen Weltausstellungen nach dem Krieg mit 40 oder mehr beteiligten Ländern konnten 18 - 64 Millionen Besucher aufweisen. Hannover sollte dazu zählen. Von Durchschnittszahlen ausgegangen konnte Hannover mit 200.000 Besuchern pro Tag rechnen.

Hannover war mit hohem Besucheraufkommen internationaler Gäste bereits vertraut. Die Cebit oder die Hannover Messe verursachen jedes Mal erhebliches Verkehrsaufkommen, gut besuchte Restaurants sowie ausgebuchte Hotels.

Hierin bestand eine Herausforderung: Wie könnte der Besucherandrang entzerrt werden? Was macht der Gast abends? Können sich Besucher den ganzen Tag auf dem Messegelände aufhalten? Wären die Gäste aus fernen Ländern interessiert daran Hannover kennenzulernen? Bleiben die Gäste länger als einen Tag?

Was hat Hannover zu bieten?
Eine Veranstaltung wie die EXPO ist natürlich geprägt von Superlativen. Errungenschaften der Technik, weltgestalterische Visionen, bahnbrechende Kulturveranstaltungen und vieles mehr sollen bei der EXPO präsentiert werden. Zum Amüsement der Besucher sollte sie aber auch reich an Entertainment sein.

Sollten sich die Gäste in Hannover aufhalten, etwa am Abend vor der Expo, als Kurzurlaub oder beim Besuch von Freunden, stellt sich die Frage: *Was hat Hannover zu bieten?*

Die Suche nach „Hannoversch typisch" begann. Gleichzeitig sollten die Angebote in Hannover nur als Ergänzung zur EXPO, nicht als Konkurrenz verstanden werden. Dies ist die Sternstunde der alternativen Kultur. Denn es war endlich eine Chance, beweisen zu dürfen, wie vielfältig die Kulturszene in Hannover ist. Viele verborgene Schätze hätten es verdient der Weltöffentlichkeit präsentiert zu werden, eben als kulturelles Souvenir für die EXPO-Gäste, ein Stück echtes Hannover, welches auch vor und nach der EXPO existent war und bleiben wird.

KulturKaleidoskop – die Idee

KulturKaleidoskop basiert auf der Idee, Bewohnern der Stadt und Region Hannover sowie Besuchern der EXPO die regionale Kultur professionell zu präsentieren. Zusammen mit den Kulturschaffenden der Region lädt KulturKaleidoskop Gäste aus aller Welt - vor allem die, die zur EXPO 2000 kommen, zu kleinen, überschaubaren Veranstaltungen ein.

- Künstler der Stadt und der Region Hannover
- ungewöhnliche Veranstaltungsorte
- Publikum bis zu 100 Personen
- umfassende Betreuung
- Gastfreundlichkeit

Das Besondere daran ist die umfassende **Betreuung** der Zuschauer. An ungewöhnlichen Orten werden sie Darbietungen aus verschiedensten kulturellen Bereichen erleben und können zudem Kulinarisches aus der Region genießen. Nach Möglichkeit sollte ein Shuttle-Service eingerichtet werden.

Die Idee wurde von der „Kulturoffensive 1992", ein informaler Zusammenschluss vieler Kulturschaffender, aufgegriffen und in der Szene diskutiert.

„Die Idee ist gut: Kleinere kurze Veranstaltungen (bis 60 Minuten Dauer, bis 100 Teilnehmer) bringen an besonderen Orten der Stadt (Fabrikhallen, Theatern, Bahnstationen, Maschseedampfern) Kultur mit Konzerten, Tanz, Theater, Oper und Lesungen." [...]

„Würde die Weltausstellung nur Großes, Sensationelles und Internationales anbieten – die Begegnung „Mensch zu Mensch" käme dabei zu kurz. Gefragt sind attraktive, ergänzende Angebote zur Expo."

Henning Queren, *„Kultur-Kaleidoskop" will Expo-Gäste für Hannovers Kunst und Tanz begeistern*, Neue Presse, 30. August 1995

Der Hannover Preis

KulturKaleidoskop erhielt in November 1995 durch den Förderkreis der Wirtschaftsjunioren Hannover den Hannover Preis *„In Würdigung des herausragenden Beitrages zum Thema EXPO2000 - Hannover als Gastgeber der Welt"*. Daraufhin übernahm der Freundeskreis Hannover e.V. die Trägerschaft für KulturKaleidoskop und leistete somit die Starthilfe.

„Ausgezeichnet wurde unter anderem der Amerikaner George Speckert, Leiter der städtischen Musikschule, für sein „Kulturkaleidoskop". Speckert will alle Kulturschaffenden Hannovers einbinden in ein Expo-Programm, das ‚kleine, intime' Veranstaltungen als Alternative zu den Großereignissen bietet."

Hannover-Preis für gute Ideen zur Weltausstellung
Generalkommissarin lobte „hochinteressante Ergebnisse", Neue Presse, 15 November 1995

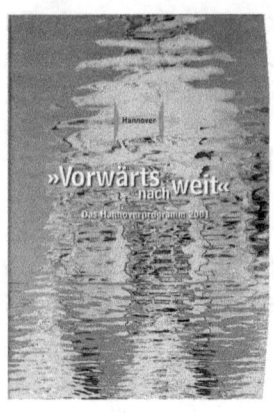

Das Konzept wurde dann unter Mitwirkung von Stephan Lohr (NDR), Gerhard Stamer (REFLEX e.V.) und Heinz Balzer (Kulturamt der Stadt Hannover) ausformuliert, ergänzt und veröffentlicht.

KulturKaleidoskop wurde in „Vorwärts nach weit - Das Hannoverprogramm 2001" offiziell aufgenommen.

„Aber Hannover wäre nicht Hannover, wenn es seine Kraft nur auf solche Highlights konzentrieren würde: Das „Kulturkaleidoskop" macht Expo-Gästen die lokale Szene zugänglich."

Vorwärts nach weit - Das Hannoverprogramm 2001
Landeshauptstadt Hannover

Es geht los!

Corporate Design
Unter Beteiligung der Hochschule für Kunst und Design in Hannover wurden das Logo und die dazu gehörenden Designelemente von Studenten entworfen. Eine Jury entschied sich für die Arbeiten von Verena Samusch.

> „Die Jungdesigner müssen alle Register ziehen, denn die Herausforderung ist groß: Ein ungewöhnlich breit gefächertes, internationales Publikum muss neugierig gemacht werden." [...]
>
> „Die Studenten verstehen das Kulturkaleidoskop als ‚vielseitige, unkonventionelle Veranstaltungsplattform.' Dementsprechend ungewöhnlich soll auch die Marketingstrategie sein. Bei der Gestaltung von Werbeflächen wird auf Rätselhaftigkeit und Seriosität gesetzt – frei nach dem Motto: ‚Weniger ist mehr'."
>
> *Einfache Ideen für optimale Optik* - Fachhochschule / Jungdesigner starten eine Werbeoffensive für das „Kulturkaleidoskop" im Jahr 2000, Hannoversche Allgemeine Zeitung, 11. März 1998

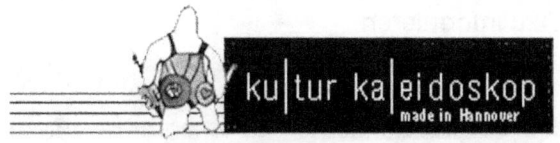

Akquise

Die Idee „KulturKaleidoskop" und die Einladung zur Beteiligung daran wurden der Kulturszene und Einrichtungen der Region kommuniziert und in zahlreichen Sitzungen, Treffen und Gremien präsentiert. Verbände schrieben zahlreiche Künstlerinnen und Künstler direkt an.

Zeitgleich begann das KulturKaleidoskop-Team mit der Akquise geeigneter, gern origineller Veranstaltungsorte.

> „Die Expo soll ruhig ihre Peter Steins und Pina Bauschs einfliegen lassen. Es wird trotzdem noch eine andere Kultur geben. Und zwar die hannoversche, bei der es auf die menschliche Nähe ankommt. [...] Klein und fein und mit viel Tuchfühlung."
>
> ***Made in Hannover*** *– Offen für Bewerbungen: Das „KulturKaleidoskop" zur EXPO*, Hannoversche Allgemeine Zeitung / Kultur, 2. Dezember 1998

Rundschreiben

Kulturkaleidoksop gab in regelmäßigen Abständen ein Rundschreiben mit Porträts von Künstlern, Präsentationen besonderer Orte, Interviews und Informationen zur Entwicklung von KulturKaleidoskop heraus. Dies war ein erster Schritt die Kulturszene Hannovers direkt zu adressieren und zu informieren.

Marketing

Teilbereiche des Werbekonzepts übernahm T & T Marketing. Hierfür war Nicole Lachmann verantwortlich, die bei der Vorbereitung und den Probeläufen von KulturKaleidoskop engagiert mitwirkte.

Öffentlichkeitsarbeit

Die Presse
Die erste Pressekonferenz fand am 6. Dezember 1998 im Döhrener Turm statt.

Über die Entwicklung von KulturKaleidoskop wurde viel berichtet, so auch in Zeitungen außerhalb Hannovers, z.B. die „Süddeutsche Zeitung". „Hallo Sonntag" berichtete in regelmäßigen Abständen über die Veranstaltungsorte als Ausflugsorte.

Rundfunk
Einige Sender berichteten bzw. sendeten Interviews, u.a. Norddeutscher Rundfunk und Radio Flora.

Fernsehen
Das EXPO Magazin mit Hanna Legatis vom Norddeutschen Rundfunk sendete drei Fernsehbeiträge:

17. Juni 1999: Im Waschkauen des Bergwerkes in Calenberg sang *Ferrari Küsschen*

8. Juli 1999: Im Gewächshaus Jeinsen spielte das *Salon-Ensemble Hannover*

9. September 1999: Auf dem Rittergut Stemmen jazzte *Golden Age*

„Einen ganzen Tag hat Hanna Legatis mit zwei Kamerateams in Stemmen gedreht. In ihrer zehnminütigen Sendung [...] möchte sie auf die Veranstaltungen hinweisen. Dafür drapiert sie [...] die Gruppe ‚Golden Age' [...] im Innenhof. Schmissige Jazzklänge füllten den von Renaissancegemäuer umgebenen Raum. ‚Dieser Kontrast fordert heraus', sagt Legatis ganz im Sinne der Kultur-Kaleidoskop-Organisatoren."

Ein wenig schräg muss es schon sein, Calenberger Zeitung, 9. September 1999

Hannover Journal Spezial – EXPO das Weltereignis (Grütter Verlagsgesellschaft, Hannover, ISSN-1437-6199) porträtierte KulturKaleidoskop in besonderer Weise:

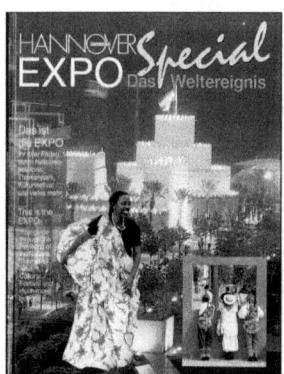

Off Broadway

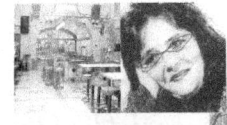
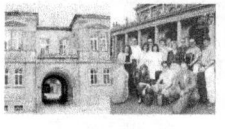
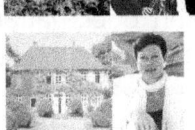
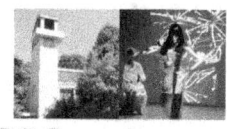
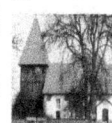
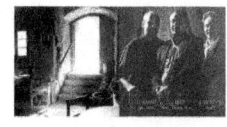

Originelle Schauplätze in der Region Hannover

Exemplarisch für die versteckten Qualitäten und Geheimnisse von Stadt und Region Hannover ist das „KulturKaleidoskop". Man möchte dem Publikum bieten, was es anderswo auf der Welt nicht zu sehen bekommt: typische und ungewöhnliche Orte in und um Hannover und Künstler, die überragend sind, auch wenn ihre Namen nicht in aller Munde sind. Jede Veranstaltung ist auf 100 Personen begrenzt. So kommt man miteinander ins Gespräch, denn die Veranstaltungen an den ungewöhnlichen Orten sollen auch die Kommunikation anregen. Für DM 20,- erhält man eine Fahrkarte für den Großraum, eine Originalbegleitung und eine künstlerische Darbietung. Buchungen unter Ticket-Hotline 0105- 11 35 36 oder Inserate unter www.kultur-kaleidoskop.de

Alexander May im Landgericht
14. bis 16. August, Saal 001 im Landgericht, Volgersweg 25, Hannover
„Lauter Lügen" werden vermutlich im Saal für Schwerkriminalität immer wie der vorgetragen........ .....rend dieser Augusttage aber guter sicher vom Schauspieler Alexander May. Zu Papier gebracht hat die Texte der römische Satiriker Lucian (120 - 180 n. Chr.). Ort und Texte sprechen zwar für sich selbst, aber Alexander May ist die perfekte Verkörperung davon.

1.-3. September, je 19.30 Uhr, Bordenau
Die „Mundfinsternis" bricht über die Geburtshaus des preußischen Generals Scharnhorst in Bordenau herein. Ursula Tempts liest und gestaltet mit Text von Friedrich Dürrenmatt.

14.-16. September, je 20.00 Uhr, Rittergut Stemmen in Barsinghausen
„Barock und Bel Canto" wird im traditionellen Rittergut Stemmen zu hören sein. Das Kammerorchester Hannover sorgt für den angemessenen Ton.

5.-7. Oktober, je 20.00 Uhr
Vier Servophone treten im Gewächshaus in Isernes an, dem Publ „Sex-O-Fon" zu bieten. Die „Saxty Circus" füllt die Pflanzen stolpern.

16.-18. Oktober, je 19.00 Uhr
„Wild Women Blues" erschallt im mirich-Bahnhof in der Südstadt von nover.

Die Veranstaltungen

Das Programm von KulturKaleidoskop zeichnete sich durch Vielseitigkeit und Ausgewogenheit aus. Für alle Vorlieben und Altersgruppen gab es Darbietungen auf hohem Niveau. Die Beiträge stammten von Künstlern aus Hannover und der Region oder hatten regionalen Bezug und kamen aus den verschiedensten kulturellen Bereichen, u.a.:

Musik: Klassik, Rock, Jazz, Chansons, experimenteller Tanz, Jazzdance, Folklore
Theater: Tragödien, Komödien, Lustspiel, Avantgarde
Kabarett: Kritisches, Politisches, Satirisches, Amüsantes
Kunst: Skulpturen, Collagen, Bilder, Fotografien

Die Veranstaltungsorte
Die Veranstaltungsorte waren so ausgewählt, dass die Gäste möglichst viel aus dem alltäglichen Lebens- und Kulturraum der Region Hannover erleben sollten. Sie waren modern, kreativ, kommunikativ und nicht zuletzt ungewöhnlich. Rittergüter wurden zu Theatern, Dachböden zu Tanzsälen, in alten Kirchen gab es neue Musik, in Fabrikhallen Klassisches und vieles mehr.

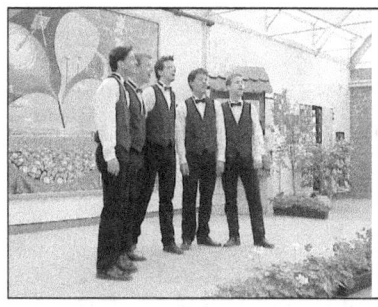

Garantiert kaktusfrei!
Modell Andante
Gewächshaus Nötzel /
Jeinsen
22. - 24. Juni 2000

Das Kulinarische
Nach der Veranstaltung hatte der Besucher in der Regel die Möglichkeit, am Veranstaltungsort oder in unmittelbarer Nähe Kulinarisches (beispielsweise die Gemüsepfanne direkt aus dem Gewächshaus) genießen zu können. Hier sollte sich eine ideale Basis bilden, um über das gerade Erlebte zu sprechen und sich mit anderen Zuschauern auszutauschen.

Das Publikum
Die auf max. 100 Personen begrenzte Zuschauerzahl je Veranstaltung ermöglichte an den ausgesuchten Plätzen eine kommunikative Atmosphäre, als Alternative zu den Veranstaltungen der EXPO mit Großpublikum.

When you're Smiling
Golden Age
Bismarck-Bahnhof
5. - 7. Juni 2000

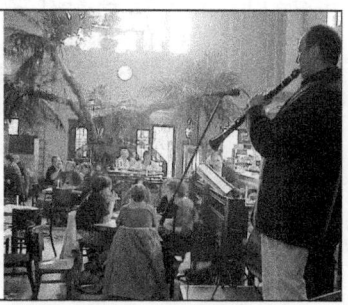

Shuttle-Service
Ursächlich war ein Shuttle-Service zu den Veranstaltungsorten geplant. Trotz aller Bereitschaft der GVH (Großraumverkehr Hannover) konnte dies leider nicht realisiert werden.

Wirkungsbereich
Als erstes gemeinsames Projekt von Stadt und Region fanden die Veranstaltungen im gesamten Großraum Hannover statt. Die Kulturausschüsse der Städte in der Region wie auch der Landeshauptstadt setzen sich mit KulturKaleidskop auseinander und unterstützten es.

Probeläufe
Bereits ein Jahr im Voraus veranstaltete KulturKaleidoskop mehrere Probeläufe, u.a. im Bismarck-Bahnhof in Hannovers Südstadt und im Isernhagenhof im gleichnamigen Ort.

„Abfahrt am Expo-Café: Los ging's im Bus Richtung Isernhagenhof. Dort empfing ‚Exzellenz' Detlef Keske mit seinem adligen Gefolge vom Barocktheater Hannover die Besucher, geleitete sie in die urige Veranstaltungsscheune. [...] Speckert will seine Förderung der lokalen Szene übrigens nicht auf die Expo beschränken: ‚Erste Veranstaltungen gibt [es] schon im Herbst. Und wir hoffen sehr, dass es nach der Weltausstellung weitergeht.'"

Jörg Worat, *Vorgeschmack auf Kultur-Landpartien im Jahr der Expo*, Neue Presse, 8. Mai 1999

Die Spielzeit

Die Spielzeit von KulturKaleidoskop umfasste die Zeitspanne von Mai bis Oktober 2000. Am 28.10.2000 fanden die letzten zwei Veranstaltungen des KulturKaleidoskops mit Navoca in der Martin-Luther-Kirche in Ahlem und den Vorstadt-Carusos auf der Probebühne des Opernhauses statt.

Es waren fast 200 Veranstaltungen mit über 11.000 Gästen, die KulturKaleidoskop in fünf Monaten besuchten. 600 Künstlerinnen und Künstler waren an 66 Veranstaltungsorten beteiligt.

Ticketing

Der Kartenvorverkauf wurde von Laporte in Hannover übernommen. So waren Eintrittskarten für die Veranstaltungen von KulturKaleidoskop im gesamten Ticketingsystem erhältlich, auch in Reisebüros.

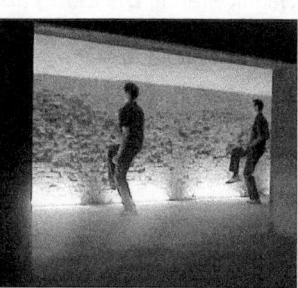

Cut II
Tanzcompagnie Hans Fredeweß
Atelier Block 16 im Keller
Hannover-Nordstadt
27. - 29. Juli 2000

Programmumfang
Ursächlich waren wesentlich mehr Veranstaltungen geplant. Als die erwartete Zahl der EXPO-Besucher weit hinter den Erwartungen und Prognosen lag, mussten alle Veranstalter ihr Konzept reduzieren. Sogar die EXPO-GmbH war gezwungen, die lokale Bevölkerung direkter anzusprechen und bot daher eine günstige Abendkarte an, die vielfach genutzt wurde. Dies hatte zur Folge, dass die Zahl der Veranstaltungen von KulturKaleidoskop reduziert werden musste. Im Laufe des Sommers entspannte sich die Lage und die Veranstaltungen in der Stadt und der Region wurden deutlich reger besucht.

„Dabei hatte es jeder Kulturanbieter nur gut gemeint. [...] Die großen Kultureinrichtungen der Stadt, deren Sonderprojekte allesamt eindrucksvoll sind. Und die ‚Kleinen' der hannoverschen Kultur, die sich zu einem Kaleidoskop' zusammengefunden haben und mit mehr als 100 Veranstaltungen locken. [...]"

Henrik Brandt, **Die Lehre aus der Leere** *Wo bleibt das Publikum? Die Kulturveranstalter auf der Expo und in der Stadt sind ratlos*, Hannoversche Allgemeine Zeitung, 17. Juni 2000

Die Beiräte

Um die Qualität des Projekts und des Programms zu gewährleisten wurden zwei Beiräte gebildet:

Projektbeirat
Der Projektbeirat wirkte beratend bei grundsätzlichen Fragen der Gestaltung und der Projektstruktur mit. Die Mitglieder des Projektbeirates konnten jederzeit Anregungen einbringen. Das Projektteam griff diese auf und setzte sie entsprechend um. Die Mitglieder des Projektbeirates wiederum trugen die Idee KulturKaleidoskop in ihren jeweiligen Wirkungskreis weiter und waren bei der Vermittlung potenzieller Partner behilflich.

Die Mitglieder des Projektbeirates waren
Angela Kriesel, Kulturoffensive
Winfried Meißner, Kulturausschuss Neustadt
Dr. Robert Pohlhausen, Freundeskreis Hannover e.V.
Karen Rudolph, EXPO-GmbH
Lothar Schlieckau, Kulturausschuss der Landeshauptstadt Hannover
Rainer Vasel, Kulturamt Landkreis Hannover

Programmbeirat

Für die Inhalte von KulturKaleidoskop und deren Qualität war ein Programmbeirat verantwortlich. Dieser entschied über die Aufnahme der Beiträge in das Programm. Über die künstlerische Qualität hinaus führte der Programmbeirat Aufsicht über die Ausgewogenheit des Programms, und zwar besonders in Bezug auf die Verteilung der Veranstaltungen in der Region, das Verhältnis zwischen Vereins-, Amateur- und Profibeiträgen und das gesamte Erscheinungsbild.

Die Mitglieder des Programmbeirates:
Angelika Busch, Geschäftsführerin des Literaturrates Niedersachsen e.V.
Frauke Engel, Kunsthistorikerin
Peter Japtok, Theaterbeirat der Landeshauptstadt Hannover
Petra Knüppel, Geschäftsführerin des Touristikverbandes Hannover-Region e.V.
Prof. Hans-Peter Lehmann, Intendant der Oper, Niedersächsisches Staatstheater Hannover
Manfred Sauga, Geschäftsführer des Landesmusikrates Niedersachsen e.V.

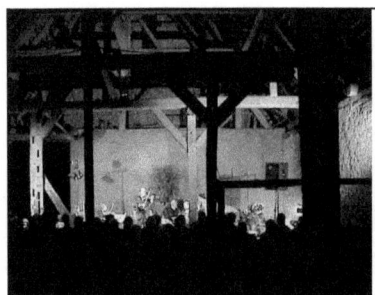

Barock und Bel Canto
Kammerorchester Hannover
Rittergut Stemmen,
Barsinghausen
15. - 16. September 2000

Das Projektteam

George A. Speckert, Projektleitung
Klaus Vespermann, Projektleitung
Christiane Scheer, Redaktion
Britta Holzapfel, Büro
Heinz Balzer, Projektverantwortlicher,
Leiter des Kulturamts der Landeshauptstadt Hannover

Die Helfer
Die Veranstaltungen wurden von zahlreichen freiwilligen Helfern betreut, dank des Engagements vom Freiwilligenzentrum e.V. in Hannover. Sie übernahmen nicht nur Aufgaben vor Ort, sondern trugen maßgeblich zur Atmosphäre als gute Gastgeber bei.

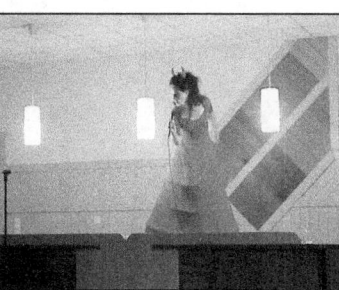

Es ist mir egal!
Marianne Iser & Thomas Duda
Amtsgericht Wenigsten
4. - 6. August 2000

Die Programmhefte

Diese wurden als Faltbroschüre von der Werbeagentur PAGE gestaltet und monatlich herausgebracht.

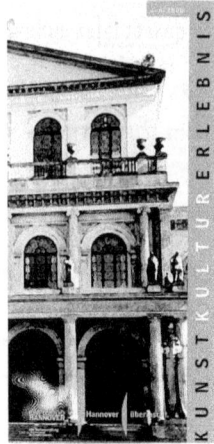
Juni 2000

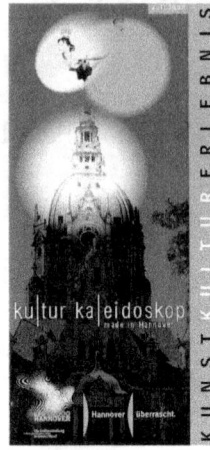
Juli 2000

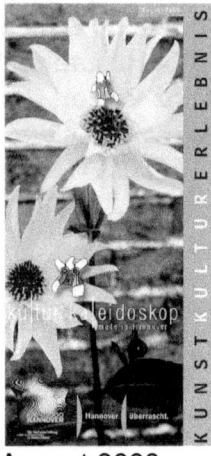
August 2000

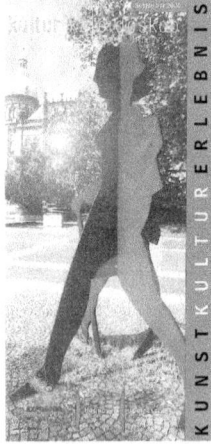
September 2000

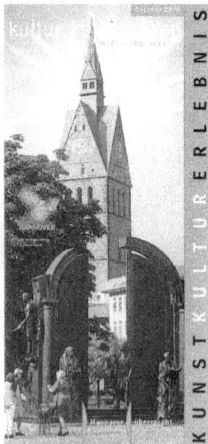
Oktober 2000

Juni ausgefaltet:

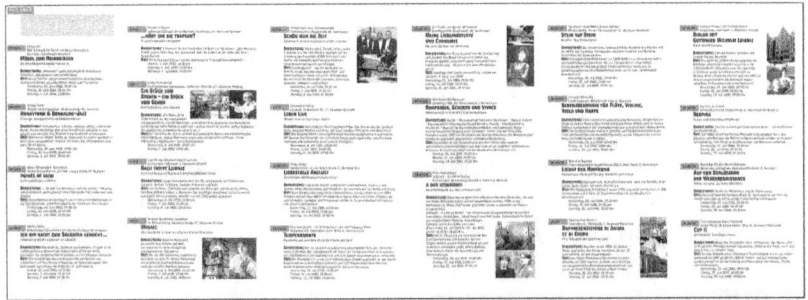

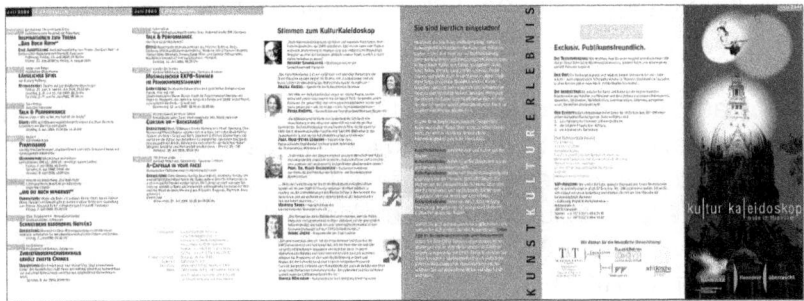

Drucksachen
Während der Spielzeit von KulturKaleidoskop wurden in über 80.000 verteilten Flyern, Plakaten, Prospekten und Programmheften rund 4200 Bilder verarbeitet.

Stimmen zu KulturKaleidoskop

„Dank KulturKaleidoskop kann die lokale und regionale Kulturszene ihren Platz im Geschehen der EXPO einnehmen. Das ist zum einen eine Chance, weltweite Anerkennung zu erlangen, und zum anderen eine Möglichkeit, Besucher an einer der schönsten Attribute unserer Stadt, nämlich unserer Kultur, teilhaben zu lassen."

HERBERT SCHMALSTIEG
Oberbürgermeister der Landeshauptstadt Hannover

„Das KulturKaleidoskop gibt der vielfältigen und lebendigen Kulturszene der Stadt Hannover und der Region die Chance, sich zu organisieren und wie bunte Splitter im Kaleidoskop das Weltausstellungsjahr zu erglänzen."

ANGELA KRIESEL
Sprecherin der Kulturoffensive Hannover

„Mit Hilfe von KulturKaleidoskop zeigen wir unsere Region, unsere Kultur und unsere Gastronomie von der besten Seite. So werden unsere Gäste aus der ganzen Welt mit vielen positiven Eindrücken wieder nach hause gehen und - wie wir hoffen - eines Tages wiederkommen."

PETRA KNÜPPEL,
Geschäftsführerin Touristikverband Hannover-Region e.V.

„Ein Kaleidoskop ist für Kinder eine Zauberwelt, die sich durch eine kleine Drehung in eine völlig neue verwandelt und doch die gleichen Bausteine hat. Ein KulturKaleidoskop ist eine blendende Idee, die Hannover zur EXPO-Zeit in all seinen kulturellen Facetten zeigt. Die EXPO 2000 selbst ist das Zauberfernrohr, in dem wir das KulturKaleidoskop bestaunen können."

PROF. HANS-PETER LEHMANN, Intendant der Oper
Niedersächsische Staatstheater Hannover GmbH,
Vorsitzender des Freundeskreises Hannover e.V.

„Viele reden über eine Zusammenarbeit zwischen Wirtschaft und Kultur. KulturKaleidoskop praktiziert sie bereits. Kulturschaffende und Unternehmen ergänzen sich wechselseitig und profitieren gleichermaßen davon."

PROF. DR. KLAUS GOEHRMANN
Vorstandsvorsitzender der Messe AG und
Präsident der Industrie- und Handelskammer Niedersachsen

„...Ohne die Einbeziehung der Breite des Musiklebens in Niedersachsen würden wir im Jahr 2000 die Chance verpassen, der Welt deutlich zu machen, wo die Spitzenleistungen des Musikschaffens in Deutschland ihre Basis haben und wie weltoffen und völkerverbindend alle Kulturschaffenden ihre Arbeit verstehen..."

MANFRED SAUGA,
Geschäftsführer des Landesmusikrates Niedersachsen e.V.

„Ich gehe davon aus, dass ein Teil der Besucherinnen und Besucher der EXPO interessiert ist und Lust darauf hat, sich mit Menschen die sich hier kulturell und künstlerisch engagieren und auch hier leben, in einem überschaubaren Rahmen und unter angenehmen Bedingungen zu treffen.
Adressat des Programms ist aber auch die Bevölkerung in Stadt und Region, die ihre kulturelle Landschaft in einem kompakten Programm 'serviert' bekommt. Vielleicht dient KulturKaleidoskop auch als Auftakt zum Start eines neuen Netzwerkes kommunaler Kultur, das fortbesteht und sich weiterentwickelt, wenn die EXPO schon Geschichte ist."

HARALD BÖHLMANN,
Kulturdezernent der Landeshauptstadt Hannover

„Das Konzept des KulturKaleidoskop wird erreichen, dass die Kultur, Menschen und Lebensweisen im Raum Hannover auf der ganzen Welt bekannt werden und auch eine sehr interessante Alternative zu den Großveranstaltungen auf dem EXPO-Gelände bieten..."

HAUKE JAGAU
Bürgermeister der Stadt Laatzen

Die Partner

Strategische Partner:
Freundeskreis Hannover e.V.
Die EXPO-Gesellschaft
T&T Marketing
Die Schlütersche Verlagsgesellschaft mbH
Hannover Verkehrsverein e.V.
GVH

Einrichtungen:
Altes Magazin
Eisfabrik
Europa Galerie
Fachhochschule für Design und Medien
Hochschule für Musik und Theater
Isernhagenhof
Künstlerdienst Hannover
Niedersächsisches Staatstheater
REFLEX
Theater an der Glocksee
Volkshochschule Hannover
Tourismusverband Hannover Region e.V.
Hallo Sonntag
NDR
Offener Kanal
Radio Flora

Vereine und Verbände:
Deutscher Allgemeiner Sängerbund
Diakonisches Werk der ev.-luth. Landeskirche
Ev.-luth Stadtkirchenverband e.v.
Freiwilligenzentrum Hannover e.v.
GEDOK
Jazzmusiker Initiative e.v.
KulturRing Hannover
Kulturverein Hohenhameln e.v.
Landesmusikrat Niedersachsen
Landesverband Jugendkultur e.v.
Landesverband niedersächsischer Musikschulen
Literaturrat Niedersachsen e.v.
Verkehrs- und Verschönerungsverein Burgdorf

Aus der Wirtschaft:
Altstadt Interessengemeinschaft
City Gemeinschaft
Deutsche Messe AG
Künstleragentur ARTist
Lindener Volksbank
Musikhaus Döll
Schmorl und von Seefeld
Siemens
Vereins- und Westbank
VGH

Städte und Gemeinden:
Landeshauptstadt Hannover (Träger)
Stadt Barsinghausen
Stadt Burgdorf
Stadt Gehrden
Stadt Hemmingen
Stadt Laatzen
Stadt Neustadt
Stadt Seelze
Kulturamt des Landkreises Hannover

Eine gelungene Initiative von Schmorl und von Seefeld, damals größte Buchhandlung im Herzen Hannovers: CDs von Künstlern und Künstlerinnen aus der Region wurden in einem besonderen Regal zum Verkauf angeboten.

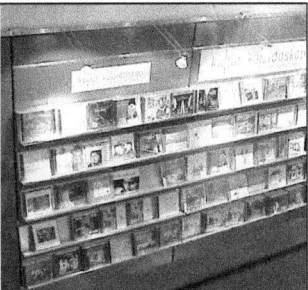

Landeshauptstadt Hannover
Presseamt, Anja Menge
Amt für Wirtschaftsförderung
EXPO-Büro, Wolfgang Schatz

Internet

Die Schlütersche Verlagsgesellschaft mbH förderte die offizielle KulturKaieidoskop-Website, eine der ersten Sites mit Veranstaltungshinweisen, noch vor der Webpräsenz der Landeshauptstadt Hannover. Hier konnten die Zuschauer das Programm abrufen, aber auch Bilderberichte der vergangenen Veranstaltungen einsehen. So wurde die besondere Atmosphäre von KulturKaleidoskop aktuell kommuniziert.

www.KulturKaleidoskop.de konnte über 200.000 Hits aus der ganzen Welt aufweisen.

„Kunst und Kultur in der Region während der Expo – ab heut komplett und weltweit per Internet abrufbar. Gestern ging das Kulturkaleidoskop mit einem umfassenden Programmangebot ins Internet."

Hennig Queren, **Kulturkaleidoskop führt per Mausklick ins Expo-Jahr**
Neue Presse Kultur, 13. März 1999

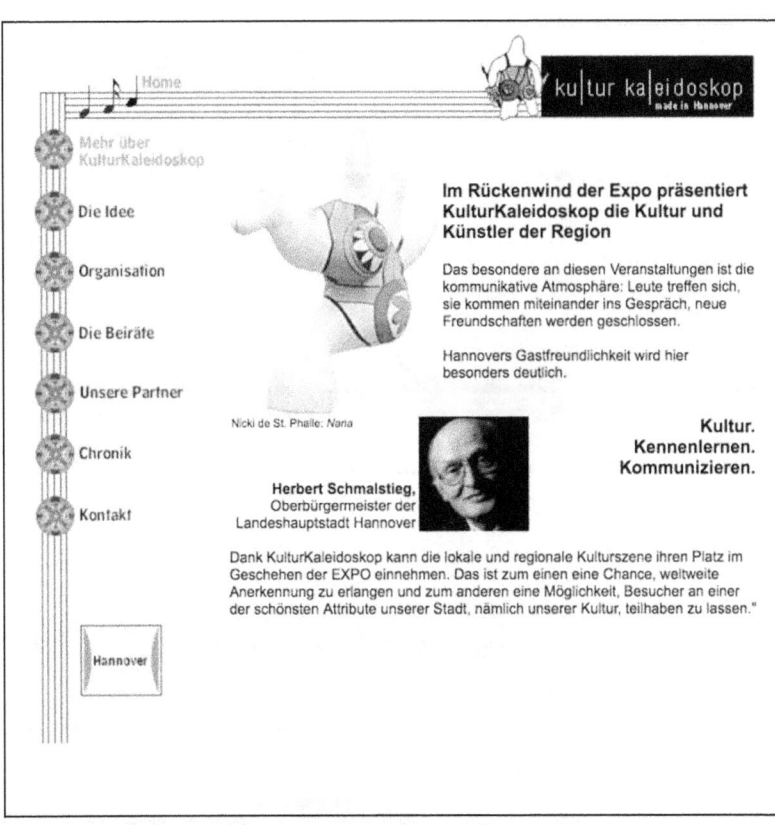

| Home |
| kultur kaleidoskop
made in Hannover |

Mehr über
KulturKaleidoskop

Die Idee

Organisation

Die Beiräte

Unsere Partner

Chronik

Kontakt

Hannover

Im Rückenwind der Expo präsentiert KulturKaleidoskop die Kultur und Künstler der Region

Das besondere an diesen Veranstaltungen ist die kommunikative Atmosphäre: Leute treffen sich, sie kommen miteinander ins Gespräch, neue Freundschaften werden geschlossen.

Hannovers Gastfreundlichkeit wird hier besonders deutlich.

Nicki de St. Phalle: *Nana*

Herbert Schmalstieg,
Oberbürgermeister der
Landeshauptstadt Hannover

**Kultur.
Kennenlernen.
Kommunizieren.**

Dank KulturKaleidoskop kann die lokale und regionale Kulturszene ihren Platz im Geschehen der EXPO einnehmen. Das ist zum einen eine Chance, weltweite Anerkennung zu erlangen und zum anderen eine Möglichkeit, Besucher an einer der schönsten Attribute unserer Stadt, nämlich unserer Kultur, teilhaben zu lassen."

Made in Hannover 33

Das Programm 2000

Voice Images Arbeske Stimmbilder
Licht, Stimmung und Theater

26.10.2000 19.00Uhr
27.10.2000 19.00Uhr
28.10.2000 19.00Uhr

Vokaltheater Navoca
Martin-Luther-Kirche, Hannover-Ahlem

Komposition in Stimme Tanz Rhythmus und Bewegungen zu Fotografien von Karl Blossfeldt

Acht Künstlerinnen und zwei Diaprojektoren auf der Reise: Mit Musik, Percussion und Tanz durch die Pflanzenbilderwelt Karl Blossfeldts! Die Fotografien von Blüten, Stengelteilen, Blättern oder Samenkapseln üben an sich schon einen ungeheuren Reiz aus: das Auge sieht die Pflanze und ahnt zugleich die Bewegung und die Musik, die aus den Bildern spricht. Sie lädt ein zum Entspannen, zum Nachdenken und Erleben.

Wie Abraham in der Wüste unter dem Himmelszelt, ist es möglich in der Martin-Luther-Kirche in Ahlem vom 14. bis 29.10.2000 selbst in einem Zelt aus Licht im Sand zu stehen oder zu sitzen. Die Wüste als Lebensraum, Geburtsstätte von Mystik und Religionen. Sie lädt ein zum Entspannen, zum Nachdenken und Erleben.

In Zusammenarbeit mit dem Ev.-luth. Stadtkirchenverband

Dieser Ort ist eingeschränkt behindertengerecht

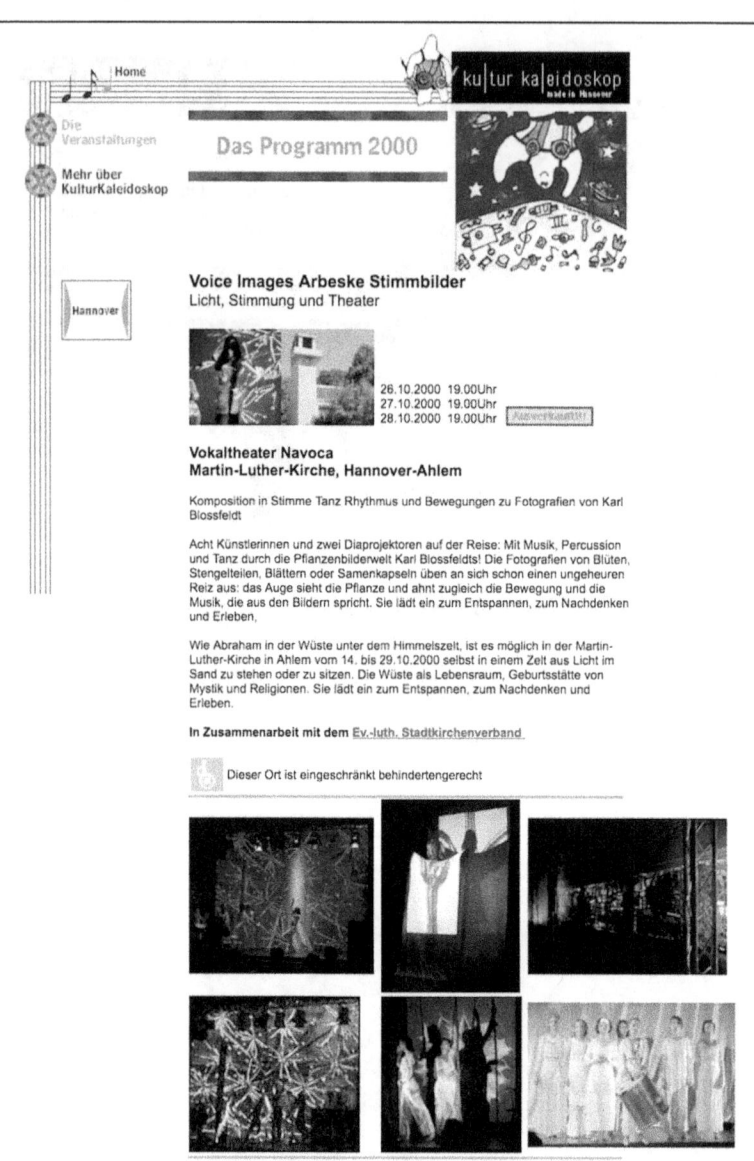

Resonanz

Die Enttäuschung über die abgesagten Veranstaltungen seitens der Künstler und Gastgeber der unterschiedlichen Orte war zum Teil groß. Die Hoffnung, an der EXPO beteiligt zu sein und sich weltoffen einbringen zu können, blieb für sie unerfüllt.

Insgesamt beteiligten sich an diesem Projekt dennoch über 1000 Personen: allein rund 600 Künstler an 66 Veranstaltungsorten verteilt in der ganzen Region. 150 freiwillige Helfer, 54 Einrichtungen, Firmen und Vereine trugen positiv dazu bei, dass KulturKaleidoskop ein Erfolg wurde. Die Presse in Hannover und in der Region berichtete mit fast 200 Zeitungsartikeln großzügig über die Veranstaltungen und die Beteiligten. Das Interesse der Öffentlichkeit war durchaus kritisch, aber grundsätzlich positiv.

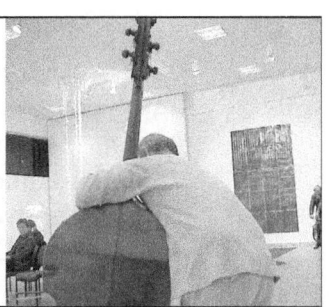

Raummusik für sechs Kontrabässe
Ensemble Sondarc / Atelier Zinsser
Kunsthalle FAUST
Hannover-Linden
21. - 23. Sept. 2000

Nachhaltigkeit

KulturKaleidoskop wurde leider nach der EXPO nicht fortgesetzt.

Die angestrebte Nachhaltigkeit konnte trotzdem erreicht werden. Inzwischen sind Konzerte und Theaterveranstaltungen an „ungewöhnlichen" Orten „normal", gezielte Werbung und professioneller Kartenvorverkauf ebenfalls. Die Vorzüge eines kleinen, intimen Publikums in Zeiten von Großveranstaltungen, bei welchem der Kontakt zu den Künstlern und der kommunikative Charakter gewährleistet sind, werden geschätzt.

Wichtig war den Initiatoren, dass die Öffentlichkeit durch KulturKaleidoskop erfahren konnte, dass es neben einer viel beachteten „Hochkultur" eine exzellente, alternative Kulturszene in Hannover gibt.

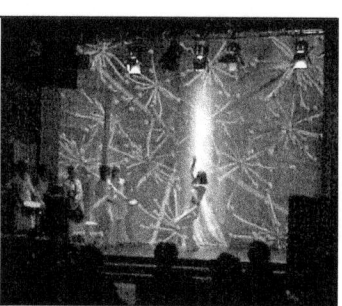

**Voice Images
- Arbeske Stimmbilder**
Vocal Theater Navona
Martin-Luther-Kirche
Hannover-Ahlem
26. - 28. Okt. 2000

Fazit

Mit KulturKaleidoskop hat sich die Kulturszene Hannovers behauptet und bewiesen, dass sie durch hohe Qualität, Vielfalt und Originalität geprägt ist. Wie gastfreundlich Hannover ist, zeigten die Ausrichter der verschiedenen Veranstaltungsorte. Die vielen freiwilligen Helfer trugen maßgeblich dazu bei, *ihre* Kultur, *ihre* Stadt und die Region zu präsentieren.

KulturKaleidoskop hat gezeigt, wie die Kultur einer Stadt gefördert werden kann, und wie wichtig sie für das Erscheinungsbild einer Stadt ist. Es ist bedauerlich, dass KulturKaleidoskop nach der EXPO 2000 nicht fortgesetzt wurde.

Das Kernprogramm

Juni 2000
2.-3. Juni 2000 **Mûsica Brasileira** Südamerikanisches Flair Canto do Rio Landgasthaus "Zur Goldenen Linde" Grossgoltern-Barsinghausen
2.-4. Juni 2000 **Künstl ich - natürl ich? Natürlich - Künstlich!** Art, Jazz & Blues à la carte Gruppe 7 / tok tok tok Ehemalige PH, Hannover-Südstadt
5.-7. Juni 2000 **Neues und Neuestes!** Premieren im EXPO-Café Ensemble Musica Viva Hannover EXPO-Cafe, Hannover
5.-7. Juni 2000 **When you're Smiling** Swing im historischen Bahnhof Golden Age Bismarck-Bahnhof Hannover-Südstadt
9.-10. Juni 2000 **Klezmer Inspirationen** östliches Feuer - brodelnde Seele KaleidoPhon Freie Martinsschule Hannover, Laatzen

9.-10. Juni 2000 **Adios Nonino** Latin in Atelieratmosphäre Tango Ensemble Rosales Atelier Michael Nonn Hannover-Badenstedt
15.-17. Juni 2000 **Rhapsody for Two** 20 Finger auf 88 Tasten Elizabeth Laich und Marcel Bergmann, Klavier Lister Turm, Hannover-List
22.-24. Juni 2000 **Garantiert kaktusfrei!** 5 Sänger zwischen 1000 Gurken und Tomaten Modell Andante Gewächshaus Nötel, Jeinsen
24. Juni **veritas, vir** - Tanz im kirchlichen Raum Ralf Jaroschinski Dietrich-Bonhoeffer-Kirche Hannover-Roderbruch
25.-27. Juni **Zauber/KUNST** Animative Zauberkunst in einem Künstleratelier Desimo Atelier Nordfelder Reihe 13 Hannover-Mitte
29. -1. 7. 2000 **points of view_** Kunst und Musik im Atelier Ulrike Dangendorf, Akkordeon Ursula Krämer, Künstlerin Atelier "Im Hof", Wunstorf

30. Juni 2000 **Honkytonk & Boogaloo-Jazz** Groovige, swingende Hits im Backsteintheater Simple Truth Theater an der Glocksee, Hannover
30. 6-2. 7.2000 **Ich bin nicht zum Soldaten gemacht...** Scharnhorst-Briefe: literarisch-musikalisch - Martin Drebs Geburtshaus Scharnhorst, Neustadt-Bordenau

Juli 2000
3. -5. Juli 2000 **...hört ihr sie trapsen?** A-capella Kabarett vor Gericht Herzen in Terzen Landgericht, Hannover
6.-7. Juli 2000 **Ein Stück vom Stehen,** **ein Stück vom Gehen** Kurt Schwitters wird lebendig Dieter Hufschmidt Kurt-Schwitters-Gymnasium, Hannover-Misburg
6.-7. Juli 2000 **Mosaic** Jazz-Saxophon in einer der ältesten Kirchen Hannovers Andreas Burckhardt, Saxophon St. Nikolai Kirche, Hannover-Limmer
6.-8. Juli 2000 **Leben Live** Theater in einer ehemaligen Fabrik Commedia Futura Eisfabrik, Hannover-Südstadt

„Als ‚garantiert kaktusfrei' hatte die hannoversche A-Cappella-Gruppe Modell Andante ihre Auftritte in Jeinsen angekündigt. Und das Quartet hat sein versprechen gehalten: Im Gewächshaus von Bauer Frido Nötel sangen die 24- bis 28-Jährigen gestern und vorgestern zwischen nicht ganz so stachligen Gurken und Tomaten." [...]

„Ein anschließender „Gewächshausplattler" zu bayerischem Liedgut und die Zugabe ‚The Lion Sleeps Tonight' mit passenden Urwald-Geräuschen brachten dem Ensemble einen tosenden Schlussapplaus ein. Anschließend ließen sich alle die von der Familie Nötel aus eigenem Anbau schmecken. Und den Kaktus vermisste an diesem Abend sowieso niemand."

Olivia Gross, *Gesang zwischen Gurken und Tomaten,* Leine Nachrichten, 24. Juni 2000

13.-14. Juli 2000 **Liebestolle Arglust** Eine lyrische Verf'hrung im Garten-Eden Virgo Virago Apostelkirche, Hannover-List
13.-14. Juli 2000 **Temperamente** Duo Arpeggione mit Installation der Künstlergruppe "Pikee" Workshop e.V., Hannover-List
16.-17. Juli 2000 **Rhapsodie, Scherzo und Vivace** Kammermusik in einer alten Scheune Arte Ensemble Hannover Helmut Meisenburg, Künstler Schnehage Hof, Hemmingen

20. Juli 2000 **Clarinet Songs** Gesang, Klarinette und Klavier Duo plus Soprano Schnehage Hof, Hemmingen
20.-22. Juli 2000 **a due stromenti** Blockflötenmusik aus alter und neuer Zeit Flûte Harmonique KulturBunker, Hannover-Hainholz
22.-23. Juli 2000 **Rappresentatione di Anima et di Corpo** eine 400 Jahre alte geistliche Oper Kammerchor Helstorf Klosterkirche, Neustadt-Mariensee
20.-22. Juli 2000 **Serenadenmusik** für Flöte, Violine, Viola und Harfe Serenata Particella Landesmuseum, Hannover
26. Juli 2000 **Curtain up - Backstage!!** Centre of Voice, Bristol Freizeitheim Lister Turm, Hannover
27.-29. Juli 2000 **Dialog mit Gottfried Wilhelm Leibniz** Musik und Philosophie Gerhard Stamer, Philosophie und Gudrun Ravens, Querflöte Leibnizhaus, Hannover-Altstadt

27.-29. Juli 2000 **Respira** Tango- und Bossa-Nova-Rhythmen auf dem Kornboden Sonidos de Verano Die Kornbrennerei Wennigsen-Bredenbeck
27.-29. Juli 2000 **Auf den Schlössern der Weserrenaissance** Klänge aus alter Zeit beim Glas Wein Ensemble für Alte Musik Hannover Weinkeller zum Löwen, Neustadt
27.-29. Juli 2000 **Cut II** Ein Stück für fünf Tänzer/innen Tanzcompagnie Hans Fredewess Atelier Block 16 Hannover-Nordstadt

„Das Ambiente, die ausgezeichnete Akustik und die exzellente Präsentation des Arte Ensembles Hannover haben den Kammermusikabend in der Scheune Schnehage im Alten Dorf zu einem ganz besonderen Erlebnis gemacht. Rund 140 Gäste genossen zwischen Holzbalken und Strohballen Werke von Beethoven und Rossini."

Beethoven, Stroh und Bravo-Rufe Altes Dorf Hemmingen: Klassik in der Scheine Schnehage, Leine-Nachrichten, 19. Juli 2000

August 2000
4.-6. August 2000 **Es ist mir egal!** Gnadenlose Lebenslust im Gericht Marianne Iser / Thomas Duda Amtsgericht, Wennigsen
3.-5. August 2000 **The Sweetest Sounds** Jazz in einer historischen Gaststätte A Jazz Affair Landgasthaus "Zur Goldenen Linde" Barsinghausen-Grossgoltern
14.-16. Aug. 2000 **Lauter Lügen** Satirisches gelesen im Gerichtssaal Alexander May Saal 001 im Landgericht, Hannover
14.-16. Aug. 2000 **right between the devil and the deep blue sea** Blues, Jazz, Pop und Rock IT'S M.E. Bismarck-Bahnhof, Hannover-Südstadt
17.-19. Aug.2000 **Der Trailer in Australien und ich in Linden** mit Blick auf Hannover's Skyline Günter Müller Cafeteria des Studentenwerkes Hannover-Vahrenwald
17.-19. Aug. 2000 **Prisma** eine spartenübergreifende Auseinandersetzung Die Künstlerinnen der GEDOK GEDOK e.V., Hannover-Zentrum

17.-18. Aug. 2000 **Dreyt zikh a Velt** Klezmer im Haus der Zunftgesellen Trio Oyftref Zunfthaus, Hannover-Bothfeld
24.-26. Aug. 2000 **Gelächter aus dem Hinterhalt** Chansons, Charme und bissige Kommentare Bengt Kiene und Holger Kirleis Die Badewanne im FZH Hannover-Linden

„Man sollte lernen, die Macht der Phantasie zu nutzen. Das kann auch im Alltag hilfreich sein. Wenn es zum Beispiel heiß und stickig sei, sagt Alexander May, müsse man sich die Kühle herbeidenken. Und tatsächlich: Kaum hat der hannoversche Schauspieler empfohlen, sich die Welt für eine Weile kühl zu denken, ist es im Saal 001 des Landgerichts Hannover nicht mehr ganz so schweißtreibend." [...]

„In dem Saal, in dem sonst über Paragrafen und Strafmaß, Recht und Unrecht debattiert wird, stellte es ebenso satirische wie bedenkenswerte Texte vor." [...] Und noch so ein schönes Lukian-Zitat hat Alexander May parat: ‚Die Wahrheit zu sagen, ist gut. Sie zu erfinden, ist besser.'"

Wahre Lügen May liest im Landgericht,
Hannoversche Allgemeine Zeitung, 16. August 2000

24.-26. Aug. 2000 **Adieu** Chansons bei Marlene Ingrid Bensch, am Piano: Thomas Dust Marlene, Hannover-Zentrum
24.-26. Aug.2000 **Breeze from Brasil** Latin an der Leine beim Sonnenuntergang Deja Nero Weinkeller zum Löwen, Neustadt

September 2000
2.-3. Sept. 2000 **Rappresentatione di Anima et di Corpo** Eine 400 Jahre alte geistliche Oper Kammerchor Helstorf Kirche Helstorf, Neustadt-Helstorf
2.-3. Sept. 2000 **Lesung: Die Bücher der Felice Schragenheim** Oskar Ansull Liberale Jüdische Gemeinde Hannover e.V. Hannover-Südstadt
7.-8. Sept. 2000 **spurlos werden....** Lyrik in einem der ältesten Verlage Hannovers Thomas Klees Schlütersche, Hannover-Bult
14.-16. Sept. 2000 **Chiaccona - Mediterrane Tanzmusik** Alte Musik im modernen Raum United Continuo Service / Atelier Zinsser Kunsthalle FAUST, Hannover-Linden

15.-16. Sept. 2000 **Barock und Bel canto** Ein Rittergut und ein Kammerorchester Kammerorchester Hannover Rittergut Stemmen, Barsinghausen
21.-23. Sept. 2000 **Raummusik für sechs Kontrabässe** Moderne Musik und moderne Kunst Ensemble Sondarc Atelier Zinsser Kunsthalle FAUST, Hannover-Linden
22. Sept. 2000 **Mal gemütlich und herzergreifend...** Salonmusik in einer historischen Gaststätte Dreimal Schwarzer Kater Künstlergemeinschaft Bildlicht Alter Krug, Seelze

„Zahlreiche Liebhaber des Barock und Bel Canto besuchten am Wochenende die beide hochkarätigen Konzerte, die in der bestuhlten Scheune des Ritterguts stattfanden. Die Besucher des Konzerts in ungewohnter Umgebung hatten sich in weiser Voraussicht warm angezogen." [...] Jahn-Friedrich Freiherr von Rössing brachte seine Freude zum Ausdruck ... ‚So etwas hat die alte Scheune noch nicht erlebt'. Wo früher Stroh und Heu gelagert wurden, sollte nun Barock und Bel Canto erklingen."

Barock und Bel Canto in der Scheune Kammerorchester mit hochkarätigem Konzert auf dem Rittergut, Deister-Leine-Zeitung, 18. September 2000

23. Sept. 2000 **Images** Musik für Harfe im historischen Hotel Isabel Moreton Achsel, Harfe Kastens Hotel Luisenhof, Georgssaal Hannover-Zentrum

Oktober 2000
6.-8. Okt. 2000 **Sax-O-Fun** 4 Saxophone im Gewächshaus Saxophone Circus Gewächshaus Nötel, Jeinsen
7. Okt. 2000 **Turbulente A-Capella-Show** im Gewächshaus Ferrari Küsschen Gewächshaus Nötel, Jeinsen
5.-7. Okt. 2000 **Still Living von 7 Tagen und 7 Künstlern** matthias horndash's ELEMENTS Die Künstler der Werkstatt Zur Gelben Tasche Hannover-Linden
12.-14. Okt. 2000 **...sind wohltausend-2000-Jahr** Judith Kumfert, Gesang und Hans Kumfert, Gitarre Stefan Lang und Robert Sanyas, Künstler Die Kornbrennerei Wennigsen-Bredenbeck

19.-21. Okt. 2000 **Morgenstern** Contemporary Jazz Bernd Homann Quartett Petrikirche, Hannover-Kleefeld
19. Okt. 2000 **Cool Winds** Intercontinental Music for Cello and Guitar Villa-Lobos-Duo Kubus, Hannover-Zentrum
19.-21. Okt. 2000 **Wir werden sehn...** Oder: Nachts hast Du keine Chance gegen mich Caroline Schreiber und Andreas N. Tarkmann Marlene, Hannover-Zentrum
26.-28. Okt. 2000 **Schlag(er) auf Schlag(er)** Schlagerlust hinter der Kulisse Die Vorstadt Carusos Probebühne des Opernhauses Hannover
26.-28. Okt. 2000 **Voice Images Arbeske Stimmbilder** Licht, Stimmung und Theater Vokaltheater Navoca Martin-Luther-Kirche, Hannover-Ahlem

Über das Kernprogramm hinaus gab es viele weitere Veranstaltungen in Hannover und der Region. Auch hierfür hat KulturKaleidoskop die Werbung und den Kartenvorverkauf übernommen.

Pressespiegel

09. Mai 1995 Hannoversche Allgemeine
Kulturkaleidoskop made in Hannover

30. August 1995 Neue Presse Kultur
„Kultur-Kaleidoskop" will Expo-Gäste für Hannovers Kunst und tanz begeistern

15. November 1995 Neue Presse Region Hannover
Hannover-Preis für gute Ideen zur Weltausstellung

15. November 1995 Hannoversche Allgemeine
Stadt & Land
Im Zeltlager gibt's gesundes Frühstück

15. November 1995 Bildzeitung
Zu Gast bei Bild Birgit Breuel

Februar 1996 Kulturring
Kultur-Kaleidoskop made in Hannover

09. März 1996 Hannoversche Allgemeine
Goehrmann im Vorsitz bestätigt

24. April 1996 Regionalbeilage für Neustadt, Wunstorf
Gute Ideen sind ebenso gefragt wie vielseitige Speisekarten

22. Juni 1996 Leine-Zeitung
Feuer frei für ein Spektakel der Ideen zur Expo 2000

05. Juni 1997 Hannoversche Allgemeine
Szene rauft sich zusammen

07. März 1998 Anzeiger für Burgdorf und Lehrte
Expo-Besucher kommen für Kleinkunst und zum Essen

11. März 1998 Hannoversche Allgemeine
Einfache Ideen für optimale Optik

April 1998 Kulturring
KulturKaleidoskop – made in Hannover

15. April 1998 Leine-Zeitung
Don Quichotte trifft in Wulfelade auf die Weltausstellung Expo 2000

03. Juni 1998 Hannoversche Allgemeine (März??)
Neustadt ist Vorreiter beim Expo-Kulturkaleidoskop

05. August 1998 Neustädter-Zeitung
Expo-Kultur-Kaleidoskop nimmt Gestalt an – Neustadt ab Herbst im Internet

September 1998 City-Zeitung
KulturKaleidoskop bietet Veranstaltungen in der Region Hannover

01. Dezember 1998 Hannoversche Allgemeine - Kultur
Made in Hannover

06. Dezember 1998 Hallo Sonntag
Stadt plant Kulturprogramm zur EXPO

10. Januar 1999 Hallo Sonntag
Kunst an ungewöhnlichen Orten

13. März 1999 Hannoversche Allgemeine
Schlemmen und Staunen in historischem Gewölbe

13. März 1999 Neue Presse – Kultur
Kulturkaleidoskop führt per Mausklick ins Expo-Jahr

13. März 1999 Hannoversche Allgemeine
Kultur ist jetzt im Datennetz

17. März 1999 Hannoversche Wochenblatt
Expo-Kulturprogramm

08. Mai 1999 Neue Presse – Kultur
Vorgeschmack auf Kultur-Landpartien im Jahr der Expo

08. Mai 1999 Der Report / Pressespiegel
Isernhagenhof wird Expo-Gäste regionale Kultur vermitteln

08. Mai 1999 Hannoversche Allgemeine
Kaleidoskop der Kultur dreht sich

12. Mai 1999 Hannoversche Wochenblatt
Künstler aus der Region servieren Leckerbissen

12. Mai 1999 Bildzeitung
Urigen in der Kultur-Scheune

17. Mai 1999 Deister aktuell
Zeit und Raum begegnen sich in Form von Musik und
Theater an ungewöhnlichen Orten

22. Mai 1999 Neustädter Zeitung
Bordenau erstellt Konzept zur Expo 2000

25. Mai 1999 Leine Zeitung
Stadt will am Expo-Projekt teilnehmen

16. Juni 1999 Calenberger Zeitung
Nach dem Interview geht es in den Stollen

07. Juli 1999 Leine Nachrichten
Klassische Klänge vorm Kornfeld

12. August 1999 Hannoversche Allgemeine
Als Erfinder der Gulaschkanone kaum bekannt

09. September 1999 Calenberger Zeitung
Ein wenig schräg muss es schon sein

12. September 1999 Hallo Sonntag
Kunst im Stall des Rittergutes Stemmen

12. September 1999 Hallo Sonntag
Barsinghausen/Wennigsen
Vielseitiges Programm des Kultur-Kaleidoskopes für die Expo-Gäste

15. September 1999 Deister aktuell Stemmen
kultur kaleidoskop bring die Expo in die Region

17. Oktober 1999 Hallo Sonntag
Ausflugsziele in der Region Hannover

27. Oktober 1999 Leine Zeitung
Vorgeschmack auf das Kulturkaleidoskop

31. Oktober 1999 Hallo Sonntag
Ausflugsziele in der Region Hannover

07. November 1999 Hallo Sonntag
Ausflugsziele in der Region Hannover

15. November 1999 Leine Zeitung
Tango und eine gute Portion Witz

28. November 1999 Hallo Sonntag
Ausflugsziele in der Region Hannover

05. Dezember 1999 Hallo Sonntag
Ausflugsziele in der Region Hannover

08. Dezember 1999 Hannoversche Allgemeine
Eine wand voller Musik

08. Dezember 1999 Neue Presse
Schmorl als Partner des Kulturamts

12. Dezember 1999 Hallo Sonntag
Ausflugsziele in der Region Hannover

12. Dezember 1999 Hallo Sonntag
Zechensaal: nur 700 Gäste genehmigt

16. Januar 2000 Hallo Sonntag
Ausflugsziele in der Region Hannover

10. Februar 2000 Hallo Sonntag
Barock und Bel canto

17. Februar 2000 Leine-Zeitung
Musik und Führungen – im Frühsommer ist was los

18. Februar 2000 Hannoversche Allgemeine
Intendant soll Vorsitzender werden

26. Februar 2000 Neustädter Zeitung
Schneeren macht für die EXPO mobil

19. März 2000 Hallo Sonntag
Ausflugsziele in der Region Hannover

26. März 2000 Hallo Sonntag
Ausflugsziele in der Region Hannover

06. April 2000 Hannoversche Allgemeine
In geballter Form nichts Neues verkündet

06. April 2000 Neue Presse
Heftklammer hält dickes Kulturprogramm

09. April 2000 Hallo Sonntag
Ausflugsziele in der Region Hannover

12. April 2000 Calenberger Zeitung
Konzerte für die Expogäste

14. April 2000 Leine-Zeitung
Auf den Spuren des Generals mit Briefen und Eintopf

03. Mai 2000 Süddeutsche Zeitung
Die Vielfalt sind keine Grenzen gesetzt

13. Mai 2000 Neustädter Zeitung
Neustädter Land zeigt sich vielseitig im alternativen EXPO-Programm

13. Mai 2000 Leine-Zeitung
Das Ambiente passt jeweils zu den Auftritten

14. Mai 2000 Hallo Sonntag
Ausflugsziele in der Region Hannover

15. Mai 2000 Calenberger Zeitung
Kunstgenuss geht auch durch den Magen

15. Mai 2000 Calenberger Zeitung
Anspruchvolles in Bürgersaal und Kloster

21. Mai 2000 Hallo Sonntag
Begleitung, Begegnung und Betreuung

25. Mai 2000 Hannoversche Allgemeine
Reisen zur regionalen Kunst

31. Mai 2000 Deister aktuell
Expo-Gäste fehlen: Veranstaltungen werden verschoben

02. Juni 2000 Calenberger Zeitung
Veranstaltungen finden nicht statt

03. Juni 2000 Leine Zeitung
Kein Expo-Besucher kommt zur musikalischen Hofbesichtigung

04. Juni 2000 Hallo Sonntag
Expo-GmbH lässt Musiker im Stich

05. Juni 2000 Calenberger Zeitung
Geschichten ganz ohne Worte

07. Juni 2000 Hannoversche Allgemeine
Unter Fachleuten

10. Juni 2000
Klezmergruppe spielt in der Martinsschule

12. Juni 2000 Leine-Nachrichten
Wir hatten keinen Vorverkauf

13. Juni 2000 Hannoversche Allgemeine
Nur einer nutzt den Vorverkauf

14. Juni 2000 Leine Zeitung
Konzept geändert, Preise drastisch gesenkt

14. Juni 2000 Hannoversche Allgemeine
Mit weiteren Absagen ist zu rechnen

14. Juni 2000 Deister aktuell
A-Capella-Show

17. Juni 2000 Hannoversche Allgemeine
Die Lehre aus der Leere

21. Juni 2000 Wunstorfer Kurier
Ursula Kramer zeigt ihre „Ansichten"

23. Juni 2000 Leine Zeitung
Krisengipfel der Vereine: Erste Termine werden abgesagt

24. Juni 2000 Hannoversche Allgemeine
Kultur Kaleidoskop: Krämer in das Programm aufgenommen

24. Juni 2000 Leine Nachrichten
Gesang zwischen Gurken und Tomaten

24. Juni 2000 Leine Nachrichten
Aus Scharnhorsts Briefen Gelesen

24. Juni 2000 Neustädter Zeitung
Die Veranstaltung findet auf jeden Fall statt

25. Juni 2000 Hallo Sonntag
Kultur ein Flopp?

26. Juni 2000 Hannoversche Allgemeine
Kaleidoskop dreht sich um Scharnhorst

27. Juni 2000 Neue Presse
Desimo zaubert zum letzten Mal mit Künstlern

Juli 2000 Hannover Live
KulturKaleidoskop – Klassik in Fabrikhallen, Theater auf alten Rittergüter

02. Juli 2000 Hallo Sonntag
Scharnhorst – literarisch-musikalisch

06. Juli 2000 Neue Presse
Zu viel Kultur zur Expo?

13. Juli 2000 Neue Presse Region
Kleinkunst im Mercedes-Autohaus

15. Juli 2000 Neustädter Zeitung
„Innigst geliebtes Clärchen..."

17. Juli 2000 Cellesche Zeitung
Chansons um die Liebe

19. Juli 2000 Leine-Nachrichten
Beethoven, Stroh und Bravo-Rufe

20. Juli 2000 Leine-Nachrichten / Hemmingen
Romantische Lieder in der alten Scheune

22. Juli 2000 Leine-Nachrichten
Klarinette singt Musik zum Schnurren

22. Juli 2000 Calenberger Zeitung
Temperamente, Liebe, Lust und Leidenschaft

25. Juli 2000 Hannoversche Allgemeine
(Recycling-)Künstler sind anders

26. Juli 2000 Deister Woche
Tango auf dem Kornboden/Flotte Rhythmen in der Brennerei

31. Juli 2000 Deister Leine Zeitung
Tango-Rhythmen für Flöte & Gitarre

31. Juli 2000 Calenberger Zeitung
Jazzklänge im Landgasthaus

31. Juli 2000 Leine-Zeitung
Renaissance in altem Gemäuer

01. August 2000 Calenberger Zeitung
Klänge des südamerikanischen Sommers

01. August 2000 Leine Zeitung
Tango-Rhythmen für Flöte & Gitarre

03. August 2000 Deister aktuell
Gruppe Sonidos de Verano begeistert mit Tango- und Bossa Nova Rhythmen

03. August 2000 Deister aktuell
„Es ist mir egal"

04. August 2000 Calenberger Zeitung
Kaleidoskop sagt alle Auftritte ab

05. August 2000 Deister Leine Zeitung
Die Räume passen zur Musik

05. August 2000 Leine Zeitung
„A Jazz Affair" im Kaminzimmer

05. August 2000 Hallo Sonntag
„Gnadenlose Lebenslust"

07. August 2000 Calenberger Zeitung
Opfer- und Täterlieder im Gerichtssaal

08. August 2000 Calenberger Zeitung
„A Jazz Affair" spiel in intimer Runde auf

09. August 2000 Deister aktuell
Puppenhafte Aura mit diabolischem Innenleben

09. August 2000 Deister aktuell
„A Jazz Affair" im Kaminzimmer

11. August 2000 Neue Presse
Satire statt Straftaten Lesung im Gericht

12. August 2000 Hannoversche Allgemeine
KulturKaleidoskop als Flop

14. August 2000 Leine Nachrichten
KulturKaleidoskop sagt Konzerte ab

14. August 2000 Hannoversche Allgemeine
Lauter Lügen im Landgericht

16. August 2000 Hannoversche Allgemeine
Wahre Lügen

16. August 2000 Bildzeitung
„Lauter Lügen" im Landgericht

16. August 2000 Hannoversche Allgemeine
Macher sieht Expo als Konkurrent

31. August 2000 Neue Presse
Jazzender Bürgermeister gibt den Takt an

02. September 2000 Hannoversche Allgemeine
Oskar Ansull beim Kulturkaleidoskop

03. September 2000
George Speckert im Gespräch

03. September 2000 Hannoversche Allgemeine
Farben und Formen der Freiheit

06. September 2000 Calenberger Zeitung
Kammermusik auf dem Rittergut

06. September 2000 Deister Woche
Den Kultur-Sommer während der Weltausstellung gestaltet

10. September 2000 Calenberger Zeitung
Die Hofgesellschaft bewahrt Contenance

10. September 2000 Hallo Sonntag
Barock und Bel Canto

13. September 2000 Deister Woche
Kammermusik auf dem Rittergut Stemmen

18. September 2000 Deister Leine Zeitung
Barock und Bel Canto in der Scheune

19. September 2000 Calenberger Zeitung
Die Hofgesellschaft bewahrt Contenance

27. September 2000 Deister Woche
Rittergut bleibt Kulturzentrum

01. Oktober 2000 Hallo Sonntag
Rittergut Stemmen bleibt Kulturtreff der Region

04. Oktober 2000 Leine Nachrichten
A Capella zwischen Tomatenstauden

06. Oktober 2000 Hannoversche Allgemeine Pattensen
Konzerte zwischen Kakteen

06. Oktober 2000 Hannoversche Allgemeine Jeinsen
Lächelnd summt das Publikum bei Biene Maja mit

08. Oktober 2000 Hallo Sonntag
Duo mit Gesang und Gitarre in der alten Kornbrennerei

10. Oktober 2000 Hannoversche Allgemeine
Musik und Kunst in der Kornbrennerei

11. Oktober 2000 Deister Zeitung
Bilderausstellung und Liebeslieder

15. Oktober 2000 Hallo Sonntag
Folkloristischer Jazz oder Kändler-Chansons

15. Oktober 2000 Hallo Sonntag
Vernissage auf dem Kornboden der Kornbrennerei

16. Oktober 2000 Calenberger Zeitung
Gefühlvoll die Poesie der Lieder vermittelt

17. Oktober 2000 Calenberger Zeitung
Zwei Künstler stellen in der Kornbrennerei ais

18. Oktober 2000 Deister aktuell
Canciones Espanolas Antiguas

25. Oktober 2000 Deister aktuell
Utopia und rhythmisierte Anordnung

26 Oktober 2000 Neue Presse
Drei Carusos brechen alle Frauenherzen

30. Oktober 2000 Hannoversche Allgemeine
Um die ganze Welt

Quellen

Flyer zum Konzept „KulturKaleidoskop"
Internet: www.kulturkaleidoskop.de (nicht mehr online)
Programmhefte Mai – Oktober 2000
Rundbrief Nr. 1 – April 1998
Rundbrief Nr. 2 – Mai 1998
Rundbrief Nr. 3 – Juni 1998
Rundbrief Nr. 4 – August 1998
Rundbrief Nr. 5 – September 1998
Rundbrief Nr. 6 – Oktober 1998
Rundbrief Nr. 7 – November 1998
Rundbrief Nr. 8 – Januar 1999
Pressespiegel 1995-1997
Pressespiegel 1998
Pressespiegel 1999
Pressespiegel 2000

Hannover Journal Spezial – EXPO das Weltereignis,
Grütter Verlagsgesellschaft, Hannover, ISSN-1437-6199

„*Vorwärts nach weit - Das Hannoverprogramm 2001*",
Herausgeber: Geschäftsstelle Hannoverprogramm 2001,
Landeshauptstadt Hannover, April 1996

Fotos: George Speckert
Sonstige Abbildungen mit Genehmigung
der jeweiligen Urheber

Danke

Ein großer Dank gilt dem Freundeskreis Hannover e.V., der Landeshauptstadt Hannover, den zahlreichen Künstlerinnen und Künstlern, und vielen, vielen weiteren Mitwirkenden und Mitstreitern, die KulturKaleidoskop möglich gemacht haben.

Über den Autor

GEORGE A. SPECKERT: Musikstudium in den USA, England und Deutschland, Musikschultätigkeit u.a. Leiter der Musikschule Hannover, Autor und Herausgeber diverser Musikausgaben und Bücher. Er erhielt den *Hannover Preis* für die Idee *KulturKaleidoskop – made in Hannover* und war künstlerischer Leiter des Projekts.

Nach KulturKaleidoskop gestaltete und leitete der Autor verschiedene Projekte der Landeshauptstadt Hannover. Speckert erhielt den *Third European Prize »City for Children«* für das Projekt Medienbus. Der *LeibnizLipdub*, bei dem er Regie führte, erhielt den ersten Preis der *KulturKometen*. Heute ist George Speckert in Ruhestand, aber noch als Autor und Dozent für Filmmusik und Aktive Medienarbeit tätig.

www.ingramcontent.com/pod-product-compliance
Lightning Source LLC
Chambersburg PA
CBHW050240230526
45470CB00005B/2043